RAPPORT

FAIT AU ROI,

SUR L'ÉTAT DE LA FRANCE,

AU 12 MAI 1815.

SE TROUVE A PARIS

CHEZ LES MARCHANDS DE NOUVEAUTÉS.

RAPPORT

SUR L'ÉTAT DE LA FRANCE,

FAIT AU ROI

DANS SON CONSEIL,

PAR LE VICOMTE DE CHATEAUBRIAND,

MINISTRE PLÉNIPOTENTIAIRE DE SA MAJESTÉ
TRÈS-CHRÉTIENNE, PRÈS LA COUR DE SUÈDE.

A GAND,

DE L'IMPRIMERIE ROYALE.

Mai 1815.

RAPPORT

SUR l'état de la France, fait au Roi dans son conseil, par le vicomte de Châteaubriand, ministre plénipotentiaire de Sa Majesté très-chrétienne, près la cour de Suède.

SIRE,

Le seul malheur qui menaçât encore l'Europe, après tant de malheurs, est arrivé. Les souverains, vos augustes alliés, ont cru qu'ils pouvoient être impunément magnanimes envers un homme qui ne connoît ni le prix d'une conduite généreuse, ni la religion des traités. Ce sont là de ces erreurs qui tiennent à la noblesse du caractère : une âme droite et élevée juge mal de la bassesse et de l'artifice; et le sauveur de Paris ne pouvoit pas bien comprendre le destructeur de Moscou.

Buonaparte placé par une fatalité étrange

entre les côtes de la France et de l'Italie, est descendu, comme Genséric, *là où l'appeloit la colère de Dieu.* Espoir de tout ce qui avoit commis et de tout ce qui méditoit un crime, il est venu : il a réussi. Des hommes accablés de vos dons, le sein décoré de vos ordres, ont baisé le matin la main royale que le soir ils ont trahie. Sujets rebelles, mauvais François, faux chevaliers, les sermens qu'ils venoient de vous faire à peine expirés sur leurs lèvres, ils sont allés, le Lys sur la poitrine, jurer pour ainsi dire le parjure, à celui qui se déclara si souvent lui-même traître, félon et déloyal.

Au reste, Sire, le dernier triomphe qui couronne et qui va terminer la carrière de Buonaparte, n'a rien de merveilleux. Ce n'est point une révolution véritable : c'est une invasion passagère. Il n'y a point de changement réel en France ; les opinions n'y sont point altérées. Ce que nous voyons n'est point le résultat inévitable d'un long enchaînement de causes et d'effets. Le Roi s'est retiré un moment ; la monarchie est restée toute entière. La nation, par ses larmes et par le témoignage de ses regrets, a montré qu'elle se séparoit de la puissance armée qui lui imposoit des lois.

Ces bouleversemens subits sont fréquens chez tous les peuples qui ont eu l'affreux malheur de tomber sous le despotisme militaire. L'histoire du Bas-Empire, celle de l'empire Ottoman, celle de l'Egypte moderne et des régences barbaresques en sont remplies. Tous les jours au Caire, à Alger, à Tunis, un bey proscrit reparoît sur la frontière du désert : quelques mameloucks se joignent à lui, le proclament leur chef et leur maître. Pour réussir dans son entreprise, il n'a besoin ni d'un courage extraordinaire, ni de combinaisons savantes, ni de talens supérieurs : il peut être le plus commun des hommes pourvu qu'il en soit le plus méchant. Animées par l'espoir du pillage, quelques autres bandes de la milice se déclarent; le peuple consterné tremble, regarde, pleure et se tait : une poignée de soldats armés en impose à la foule sans armes. Le despote s'avance au bruit des chaînes, entre dans la capitale de son empire, triomphe et meurt.

Sire, il y a long-temps que le ciel vous éprouve : il veut faire de vous un monarque accompli. Vos royales vertus, s'il y manquoit encore quelque chose, reçoivent aujourd'hui, sous la main de Dieu, leur dernière perfection.

Dans tous les pays où vous avez porté la double majesté du trône et du malheur, oubliant vos propres infortunes, vous n'avez songé qu'à celles de votre peuple. Les yeux attachés sur cette France, dont vous appercevez en quelque sorte la frontière, et dont vous voulez connoître les maux pour y apporter le remède, vous m'ordonnez de vous présenter le tableau de l'état politique et des dispositions morales de la nation. Je vais, Sire, soumettre à vos lumières une suite de faits et de réflexions. Je parlerai sans détours : Votre Majesté qui sait tout voir, saura tout entendre.

§ Ier.

Actes et Décrets pour l'intérieur.

Buonaparte arrive à Paris le 20 mars au soir ; le ravisseur de nos libertés se glisse dans le palais de nos rois à l'heure des ténèbres ; le triomphateur porté *sur les bras de ses peuples,* envahit le château des Tuileries par une issue secrète, tant il compte sur l'amour de ses sujets ! La frayeur et la superstition accompagnent ses pas dans ces salles une seconde fois abandonnées, qui avoient revu la fille de Louis XVI.

L'histoire remarquera peut-être que Buonaparte est rentré cette année dans Paris, à-peu-
près à la même époque où les alliés y péné-
trèrent l'année dernière. Son orgueil humilié
le ramène dans cette ville qui ne fut jamais
prise sous nos Rois, et que son ambition
punie a livrée à la conquête; il vient rétablir
sa police là où un général russe exerça la
sienne, il n'y a pas encore un an, grâces au
vaste génie, aux merveilleuses combinaisons
de ce vrai conservateur de l'honneur françois!
Vous parûtes, Sire, et les étrangers se reti-
rèrent : Buonaparte revient, et les étrangers
vont rentrer dans notre malheureuse patrie.
Sous votre règne, les morts retrouvèrent leurs
tombeaux, les enfants furent rendus à leurs
familles ; sous le sien, on va voir de nouveau
les fils arrachés à leurs mères, les os des François dispersés dans les champs : vous emportez
toutes les joies; il rapporte toutes les dou-
leurs.

A peine Buonaparte a-t-il repris le pouvoir,
que le règne du mensonge commence. En li-
sant les journaux du 20 et ceux du 21 du mois
de mars, on croit lire l'histoire de deux peuples.
Dans les premiers, 30,000 gardes nationales,
3,000 volontaires, 10,000 étudians de toute es-

pèce poussoient des cris de rage contre le tyran;
dans les seconds , ils bénissent sa présence !
L'enthousiasme éclatoit, dit-on , sur son pas-
sage, lorsqu'on sait qu'il n'a été reçu que par
le silence de la consternation et de la terreur.
Sire, votre triomphe étoit alors plus réel et plus
touchant : c'étoit celui d'un père ! Les bénédictions suivoient vos pas ; et votre cœur est
encore ému de ces derniers cris de *vive le Roi*
que vous avez entendu retentir à travers les
gémissemens et les sanglots dans les dernières
chaumières de la France!

Chaque jour a vu depuis éclore une impos-
ture. Il a fallu d'abord avancer quelques mensonges hardis pour décourager les bons et en-
courager les méchans. Ainsi on a publié qu'il
n'y auroit point de guerre , que Buonaparte
s'entendoit avec les alliés , que l'archidu-
chesse Marie-Louise arrivoit avec son fils.
La fausseté de ces faits devoit bientôt se dé-
couvrir : mais on gagnoit toujours du temps.
Dans ce gouvernement, le mensonge est or-
ganisé , et entre comme moyen d'administra-
tion dans les affaires. Il y a des mensonges
pour un quart-d'heure, pour une demi-jour-
née, pour un jour , pour une semaine. Un
mensonge sert pour arriver à un autre men-

songe ; et dans cette série d'impostures, l'esprit le plus juste a souvent de la peine à saisir le point de vérité.

Des proclamations ont annoncé d'abord l'oubli de tout ce qui a été fait, dit et écrit sous le gouvernement royal. Les individus ont été déclarés libres, la nation libre, la presse libre ; on ne veut que la paix, l'indépendance et le bonheur du peuple. Tout le système impérial est changé. L'âge d'or va renaître : Buonaparte sera le Saturne de ce nouveau siècle d'innocence et de prospérité, et il ne dévorera plus ses enfans. Voyons si la pratique a déjà répondu à la théorie.

C'est au *champ de Mai* que la nation doit être régénérée ; on y donnera des aigles aux légions, on y couronnera (vraisemblablement par contumace) l'héritier de l'empire ; on y fera le dépouillement des votes pour ou contre l'acte additionnel aux constitutions. J'aurai soin d'indiquer, vers la fin de ce rapport, quel est vraisemblablement le but réel de cette grande assemblée.

En attendant l'acceptation de l'acte additionnel qui va rendre le peuple françois à l'indépendance, on commence à faire jouir la France du gouvernement le plus libéral :

Buonaparte l'a partagée en sept grandes divi-
sions de police ! Les sept lieutenans sont in-
vestis des mêmes pouvoirs qu'avoient autrefoi,
ce qu'on appeloit les directeurs généraux : or
sait encore aujourd'hui à Lyon, à Bordeaux
à Milan, à Florence, à Lisbonne, à Ham-
bourg, à Amsterdam, ce que c'étoient que
ces protecteurs de la liberté individuelle. Dan,
le nombre des sept personnes qui doiven
rassurer les citoyens et les défendre du despotisme, quatre au moins ont eu ou auroien
pu avoir la gloire en 1793 d'être nommées à
de semblables emplois.

Au-dessus de ces lieutenans se trouvent placés dans une hiérarchie de plus en plus favo-
rable à la liberté, des commissaires extraordinaires, à la manière des représentans du
peuple sous le règne de la convention.

La police nous apprend qu'elle ne va plus
servir qu'à répandre la philosophie ; qu'elle
n'agira plus que d'après des principes de
vertu ; qu'elle est la source des lumières et la
base de tous les gouvernemens libres.

Elle enseigne à ses respectables agens qu'il
faut, selon les circonstances, creuser à de
grandes profondeurs, ou savoir seulement
écouter et entendre : c'est-à-dire qu'il faudra,

selon le besoin, corrompre le serviteur, invi-
ter le fils à trahir le père, ou seulement répé-
ter ce qu'on a reçu sous le sceau du secret.

La chose religieuse est aussi soumise à la
police; et la conscience qui jadis relevait im-
médiatement de Dieu, obéira maintenant à un
espion.

Par le pouvoir constitutionnel de Votre Majesté, il était loisible à vos ministres. pendant
l'année 1815, d'éloigner des tribunaux de justice les magistrats qui ne paroîtroient plus
avoir la confiance publique : huit ou dix seulement ont été écartés, et l'on en connoît trop
la raison.

Quelle mesure arbitraire, s'écrie le gouvernement actuel de la France ! Et à l'instant même
il déplace une foule de magistrats irrépro-
chables dans leur conduite, éminens par
leurs lumières, et étrangers à tous mouvemens
politiques.

Il s'étoit même permis une chose plus vio-
lente sur laquelle l'opinion l'a forcé de revenir. L'acte qui institue les notaires étant de
pure forme, n'a jamais été annullé par les gouvernemens révolutionnaires qui se sont suc-
cédé en France; et toutefois Buonaparte a
voulu révoquer celui qui instituoit trois avoués

2

et huit notaires, uniquement parce qu'il avoient été installés sous le gouvernement royal.

Il n'a pas plus respecté les places administratives et militaires. Sur 83 préfets, 22 seulement ont été conservés, et ces 22 restant on presque tous été changés de préfecture; 43 colonels ont reçu leur destitution.

Cette liberté entière qui sort de la police comme de sa source, ce respect pour les lois les places et les hommes, viennent évidemment de la liberté de la presse : car la censure est abolie et la direction de la librairie supprimée. Il est vrai que, si la presse est libre, Vincennes est ouvert ; et, par mesure de sûreté, les journaux et la librairie sont restés provisoirement sous la main de M. le duc d'Otrante.

La censure généreuse que les ministres de Buonaparte osent reprocher à votre ministère, était bien plus établie pour eux que pour nous : elle forçait le public à se taire sur le passé. Sous le Roi, du moins, on ne parloit de certains hommes qu'avec le ton de l'impartialité, et encore uniquement pour repousser leurs imprudentes attaques.

Buonaparte a cherché un autre succès dans l'abolition de *l'exercice,* cette grande difficulté de l'impôt sur les boissons. D'abord, si les droits réunis étoient odieux, qui les avoit établis ? N'étoit-ce pas Buonaparte ? Il ne fait donc que changer son propre ouvrage. Ensuite cette abolition décrétée n'aura son effet qu'au premier du mois de juin de cette année. Buonaparte, qui compte sur sa fortune, espère bien qu'avant cette époque, quelque événement viendra à son secours. Il ne faut pas lui demander de quel droit le chef d'un peuple libre se permet de toucher à l'impôt et d'indiquer un mode de perception autre que celui prescrit par la loi ; ce n'est pas une question pour lui : il sait ; et cela lui suffit, que selon le besoin de sa politique, il peut retrancher ou feindre de retrancher un impôt trop désagréable au peuple. S'il se trouve pressé par les événemens, n'a-t-il pas la grande ressource de ne pas payer ses dettes ? Le trésor est toujours assez plein quand la violence y pourvoit et que l'on paye, non ce que l'on doit, mais ce que l'on veut. Pour sortir d'embarras, il a encore les séquestres, les confiscations, les exactions, les dons *volontaires* forcés.

Vous, Sire, qui régniez par les lois, l'ordre et la justice, qui ne pouviez ni ne vouliez chercher des trésors dans les mesures arbi-

traires et les larmes de vos sujets; vous qu
mettiez votre bonheur à acquitter des dette
que vous n'aviez pas contractées, dettes d'au
tant moins obligatoires, qu'elles n'avoient ét
faites que pour vous fermer le chemin du trône
vous, Sire, vous n'avez employé, eu montan
sur ce trône, d'autres moyens de plaire à vo
peuples, que ceux qui naissoient naturellemen
de vos vertus. La banqueroute faite ou projeté
ne vous a pas paru un système de finance dign
de la France et de vous. Supprimer dans l
moment un impôt même odieux, vous auroi
paru une libéralité criminelle. Mais je con
viens que, pour le maintenir, il falloit tout l
courage d'un Roi légitime, dont les intention
paternelles sont connues et vénérées. Un usur
pateur ne pouvoit prendre une résolution auss
noble, et préférer au présent cet avenir qu'i
ne verra point.

Ce que je dis ici sur la ressource des future
spoliations, n'est point, Sire, une conjecture
plus ou moins probable. Je ne me permets de
parler à Votre Majesté que d'après des documens officiels. Les spoliations sont visiblemen
annoncées; la dépouille du citoyen est pro-
mise au soldat, dans le rapport sur la Légion
d'Honneur : il y est dit qu'on remplacera, par

des biens situés en France, une partie des dotations de l'armée. Et de quels biens s'agit-il ? Indubitablement des vignes de Bordeaux, des oliviers de Marseille, en un mot, de tous les biens des particuliers et des villes qui auront manifesté leur attachement à la cause des Bourbons.

Sire, le soixante-sixième article de la Charte porte : « La peine de la confiscation des biens est abolie, et ne pourra être rétablie. » Ainsi, Votre Majesté, dépouillée si long-temps de ses domaines par ses ennemis, n'a trouvé d'autres moyens de se venger d'eux qu'en abolissant l'odieux principe de la confiscation des biens. De quel côté est le gouvernement équitable ? De quel côté est le véritable Roi ?

Vous aviez encore aboli la conscription ; vous croyiez, Sire, avoir délivré pour jamais de ce fléau votre peuple et le monde. Buonaparte vient de le rappeler ; seulement il l'a produit sous une autre forme, en évitant une dénomination odieuse. Le décret sur la garde nationale est ce que la révolution a enfanté jusqu'à ce jour de plus effrayant et de plus monstrueux : 3,130 bataillons se trouvent désignés, à raison de 720 hommes ; ils formeront un total de 2,253,600 hommes. A la vérité, il

n'y a de rendus mobiles à présent que 240 bataillons, choisis parmi les chasseurs et les gre-
nadiers, représentant 172,800 hommes. On
n'est pas encore assez fort pour faire marcher
le reste; mais cela viendra à l'aide de la grande
machine du Champ de Mai.

Cet immense coup de filet embrasse la population entière de la France, et comprend ce
que les masses et les conscriptions n'ont jamais
compris. En 1793, la convention n'osa prendre
que sept années, les hommes de 18 à 25 ans.
Ils marcheront aujourd'hui de 20 à 60. Réformés, non réformés; mariés, non mariés; remplacés, non remplacés; gardes d'honneur,
volontaires, tout enfin se trouve enveloppé
dans cette proscription générale. Buonaparte,
fatigué de décimer le peuple françois, veut
l'exterminer d'un seul coup. On espère, par
la terreur des polices, obliger les citoyens à
s'inscrire. Des comités de réforme ne sont
établis que par une nouvelle dérision, comme
les anciennes commissions de la liberté de la
presse et de la liberté individuelle auprès du
Sénat. Heureusement, Sire, des faits maté-
riels et des influences morales contribueront
à diminuer le danger de cette désastreuse
conscription. Il ne reste que très-peu de fusils

dans les arsenaux de la France : par suite de l'invasion de l'année dernière, plusieurs manufactures d'armes ont été démontées ou détruites. Des piques seroient susceptibles d'être forgées assez vite pour mettre aux mains de la multitude ; mais cette arme offre peu de ressource, et l'on ne veut pas sans doute renouveler le décret pour la formation des compagnies en blouse bleue, en *braccha*, en bonnet gaulois. Quant à cette valeur qui supplée chez les François à toutes les armes, il est certain que les gardes nationales ne l'emploieront point contre Votre Majesté. Toute la force morale de la France et le torrent de l'opinion sont absolument pour le Roi. Dans beaucoup de départemens la garde nationale ne se lèvera point, ou ne se formera qu'avec une difficulté extraordinaire ; enfin, le citoyen opprimé par le militaire, se laissera moins subjuguer si on lui donne des armes ; et Buonaparte, au lieu de fondre un peuple qui le hait dans une armée qu'il séduit, perdra peut-être une soldatesque dévouée dans une population ennemie.

Pour contre-balancer ce grand arrêt de mort, on devoit s'attendre à quelque mesure philantropique. Aussi Buonaparte, qui demande la vie de deux millions de François, s'attendrit

sur le sort des habitans de la Bourgogne et de
la Champagne. Il ne sauroit trop, il est vrai,
dédommager les victimes de son ambition,
puisque c'est lui qui attira les étrangers dans
le cœur de la France ; qui les ramena, pour
ainsi dire, par la main, des plaines du Borys-
thène aux rives de la Loire : il est juste
de secourir les malheureux qu'on a faits.
Votre Majesté avoit mis à soulager les tristes
victimes de l'usurpateur, non la stérile osten-
tation d'un charlatan d'humanité, mais la bonté
féconde d'un père. Votre auguste frère alloit,
Sire, dans les ruines des chaumières embrâsées
essuyer les larmes qu'il n'avoit pas fait répandre
La religion venoit au secours de ses œuvres
charitables, et rouvroit dans tous les cœurs
les sources de la pitié. Ce n'étoit point par de
impôts pesans pour une autre partie du peuple qu'on secouroit le peuple ; le malheureux
n'étoit point mis à contribution pour le malheureux ; on n'étaloit point une vertu aux dé-
pens d'une autre vertu ; l'humanité n'excluoi
point la justice.

Sire, vous aviez tout édifié, et Buonaparte
a tout détruit. Vos lois abolissoient la conscription et la confiscation ; elles ne per-
mettoient ni l'exil, ni l'emprisonnemen

arbitraire ; elles laissoient aux représentans du peuple le soin d'asseoir les contribu-
tions ; elles asssuroient, avec un droit égal
aux honneurs, la liberté civile et politique.
Buonaparte paroît , et la conscription recom-
mence et les fortunes sont violées. La chambre
des Pairs et celle des Députés sont dissoutes.
L'impôt est changé, modifié , dénaturé, par la
volonté d'un seul homme ; les grâces accordées aux défenseurs de la patrie sont rappelées
ou du moins contestées. Votre maison civile
et militaire est condamnée ; un décret oblige
quiconque a rempli des fonctions ministé-
rielles , à s'éloigner de Paris, à prêter un ser-
ment , sous peine de prendre contre les con-
trevenans telle mesure qu'il appartiendra : mots
vagues qui laissent le plus libre champ à l'arbitraire. Le tyran reprend ainsi une à une les
victimes auxquelles il promettoit oubli et repos dans ses premières proclamations. On
compte déjà de nombreux sequestres , des
arrestations, des exils, des lois de bannisse-
sement ; treize victimes sont portées sur une
liste de mort. Sire..... vous-même , vous êtes
proscrit, vous et les descendans de Henri IV,
et la fille de Louis XVI ! Vous ne pourriez, dans
ce moment, sans courir le risque de la vie, met-

3

tre le pied sur cette terre où vous fîtes tant de
bien, où vous essuyâtes tant de larmes, où vous
rendîtes tant d'enfans à leurs pères, où vous
ne répandîtes pas une goutte de sang, où vous
apportâtes la paix et la liberté ! Quand Votre
Majesté, après vingt-trois ans de malheurs,
remonta sur le trône de ses aïeux, elle trouva
devant elle les juges de son Frère. Et ces
juges vivent ! Et vous leur avez conservé avec
la vie, tous les droits du citoyen ! Et ce sont
eux qui rendent aujourd'hui contre votre personne sacrée, contre votre auguste famille,
contre vos serviteurs fidèles, des arrêts de mort
et de proscription ! Et tous ces actes où la
violence, l'injustice, l'hypocrisie, le disputent
à l'ingratitude, sont rendus au nom de la
liberté !

§ II.

Extérieur.

La politique extérieure de Buonaparte, offre les mêmes contradictions de conduite et de
langage : tout étant faux dans sa puissance,
tout étant en opposition avec son caractère,
tout doit être faux dans ce qu'il dit et dans ce
qu'il fait. Maintenant, il veut tromper le

monde entier , et il tombera dans ses propres pièges. Votre Majesté pénétrera mieux que moi les causes qui le font agir , lorsque j'essayerai de développer l'esprit du gouvernement actuel de l'usurpateur , de montrer l'homme derrière le masque. Mais à présent je ne m'occupe que des faits.

Le but de Buonaparte est d'endormir les Puissances au-dehors par des protestations de paix, comme il cherche à tromper les François au-dedans par le mot de liberté. Cette paix est la guerre ; cette liberté est l'esclavage. D'un côté , il offre d'exécuter le traité de Paris ; de l'autre , il ne soutient l'esprit de son armée qu'en lui promettant la Belgique , les limites *naturelles* du Rhin , et cette belle Italie , objet de ses prédilections filiales. Le ministre des affaires étrangères de Buonaparte , fait dans le Moniteur de singuliers raisonnemens : « Son maître, dit-il, propose de tenir le traité de Paris. Les Puissances alliées , pour toute réponse , font marcher leurs armées. Or , si les Puissances n'en vouloient qu'à un seul homme, comme elles le prétendent , elles n'auroient pas besoin de six cent mille soldats pour l'attaquer. Donc , conclut M. le duc de Vicence, c'est au peuple françois qu'elles font la guerre.»

Mais si ces Puissances acceptent le traité de Paris avec Louis XVIII, et si elles le rejettent avec Buonaparte, n'est-il pas clair qu'un seul homme fait ici toute la différence, et qu'elles n'en veulent réellement qu'à un seul homme ?

Les Puissances alliées n'ont pas le droit de s'immiscer dans les affaires de France ! Non ; et elles déclarent elles-mêmes qu'elles ne prétendent point régler nos institutions politiques. Mais quand les François opprimés par une faction, voyent reparaître à leur tête l'ennemi du genre humain, l'homme qui a porté le fer et la flamme chez toutes les nations de l'Europe, n'est-ce pas le devoir des souverains d'écarter le nouveau péril qui les menace ? Qui peut se fier à la parole de Buonaparte ? Qui croira à ses sermens ? Par ses protestations pacifiques, il ne veut que gagner du temps et rassembler ses légions.

Convient-il à la France elle-même, convient-il aux état voisins de laisser subsister au centre du monde civilisé une poignée de militaires parjures, qui maîtrisant jusqu'à l'armée, disposent à leur gré du sceptre de S. Louis, le donnent et le reprennent au gré de leur caprice ? Quoi, un souverain légitime pourra être arraché des bras de son peuple par une horde de janissaires! quoi, tous les gouvernemens pourront être mis en péril, sans qu'on ait le droit de chercher à arrêter ces violences! Ce qui se fait sans inconvénient pour l'Europe chez les corsaires de l'Afrique, peut-il s'accomplir également chez les François, sans danger pour l'ordre social? Ne doit-on pas prendre contre les mœurs et les mamelouks de la moderne Egypte, autant de précaution que contre la peste qui nous vient de ce pays? Les souverains de la Russie, de l'Allemagne, de l'Angleterre, de l'Espagne, du Portugal, de la Sicile, de la Suède, du Danemark, consentiront-ils à recevoir, par droit d'exemple, la couronne de la main de leurs soldats? Enfin, les nations qui chérissent les lois, la paix, la liberté, sont-elles décidées à mettre tous ces biens sous la protection du despotisme militaire?

Si Buonaparte étoit aussi pacifique que ses ministres nous l'annoncent, feroit-il tous les jours des actes d'agression contre les cours étrangères? Il s'efforce, mais en vain, de rendre infidèles à leur patrie, les régimens suisses; il promet la demi-solde aux officiers belges qui ont cessé d'être sujets de la France; il insulte le noble souverain qui, lui-même éprouvé par le malheur, a reçu si généreusement son illustre compagnon d'infortune. Buonaparte se flatte d'être aimé dans la Belgique ; il se trompe, il y est détesté. Ses conscriptions, ses gardes d'honneur, ses persécutions religieuses, l'ont rendu un objet d'horreur pour les habitans de ces belles provinces.

Sire, je sens trop combien tout ce que je viens de dire, est déchirant pour votre cœur. Nous partageons dans ce moment votre royale tristesse. Il n'y a pas un de vos conseillers et de vos ministres qui ne donnât sa vie pour prévenir l'invasion de la France. Sire, vous êtes François, nous sommes François! Sensibles à l'honneur de notre patrie, fiers de la gloire de nos armes, admirateurs du courage de nos soldats, nous voudrions, au milieu de leurs bataillons, verser jusqu'à la dernière goutte de notre sang pour les ramener à leur devoir, ou pour partager avec eux des triomphes légitimes. Nous ne voyons qu'avec la plus profonde douleur les maux prêts à fondre sur notre pays ; nous ne pouvons nous dissimuler que la France ne soit dans le plus imminent danger : Dieu ressaisit le fléau qu'avoient laissé tomber vos mains paternelles ; et il est à craindre que la rigueur de sa justice ne passe la grandeur de

votre miséricorde! Ah Sire, à la voix de Votre
Majesté, les étrangers respectant le descendant
des Rois, l'héritier de la bonne-foi de St. Louis
et de Louis XII, sortirent de la France! Mais si
les factieux qui oppriment vos sujets prolon-
geaient leur règne, si vos sujets trop abattus ne
faisaient rien pour s'en délivrer, vous ne pourriez pas toujours suspendre les calamités qu'en-
traîne la présence des armées. Du moins, votre
royale sollicitude s'est déjà assurée par des
traités, qu'on respectera l'intégrité du terri-
toire françois, qu'on ne fera la guerre qu'à un
seul homme. Vous êtes encore accouru au secours de votre peuple; et vous avez transformé
en amis généreux ceux qui auroient pu se montrer ennemis implacables.

§ III.

Reproches faits au Gouvernement royal.

Tromper la France et l'Europe est donc le
premier moyen employé par Buonaparte pour
fonder sa nouvelle puissance; le secoud est de
calomnier le gouvernement royal. Parmi les
reproches adressés au ministère de Votre Majesté, plusieurs sont appuyés sur des faits évi-

demment faux; un grand nombre sont absurdes. Quelques-uns ont un côté vrai, à les considérer isolément, et non dans l'ensemble des choses.

Buonaparte assure que le domaine extraordinaire ayant été dissipé par le gouvernement royal, il compte le remplacer *par des biens* en France, qui serviront à la dotation de qui il appartiendra.

Le domaine extraordinaire et le domaine privé représentoient à peu près la somme de 480 millions. Sur cette somme totale, 154 ou 157 millions du domaine extraordinaire et 100 millions du domaine privé ont servi, dans le dernier budjet, à payer les dettes de l'Etat, ou plutôt ont été portés en déduction de ces dettes. Étoit-ce le Roi qui les avoit contractées, ces dettes ? Etoit-il le dévastateur ou le réparateur de l'Etat ?

Cent cinquante millions dus par les puissances étrangères entroient dans le calcul des 480 millions du domaine extraordinaire. Les alliés sont venus chercher en France la quittance de ces 150 millions; et ce n'est pas encore le Roi qui l'a donnée, puisque c'est Buonaparte qui a conduit les étrangers à Paris. Voilà donc plus de 400 millions du domaine extraordinaire, qui ont nécessairement disparu , et dont votre ministère ne peut être responsable.

Les 100 millions restant du domaine extraordinaire se composoient de l'emprunt de Saxe, montant de 13 à 17 millions ; de 15 ou 20 millions sur le mont Napoléon de Milan ; de quelques millions sur le mont Napoléon de Naples ; de 110 actions sur les canaux ; de quelques millions sur les salines du Peccais ; de plusieurs maisons ; des sommes dues par la famille de Buonaparte et par différens particuliers ; les billets des débiteurs, entre autres un billet de Jérôme Buonaparte pour la somme d'un million, sont demeurés avec les valeurs ci-dessus énoncées dans la caisse du domaine extraordinaire. La seule somme prélevée par le ministère de Votre Majesté sur le domaine extraordinaire, est une somme de 8 millions en effets sur la place, appliquée aux réparations du Louvre, à celles de Versailles et à l'achat de plusieurs maisons sur le Carrousel. De ces huit millions, quatre seulement avoient été dépensés à l'époque du 20 mars.

Dénué des documens qui pourroient donner à ces calculs une précision rigoureuse, il se peut faire que des erreurs se soient glissées

4

dans le résultat que j'offre ici à Votre Majesté ;
mais ces erreurs ne sont ni graves ni nom-
breuses, et cet aperçu général suffit pour
prouver la mauvaise foi et pour détruire les
calomnies de Buonaparte.

Quant au séquestre mis sur les biens de la
famille de Buonaparte, outre les raisons d'é-
tat, trop évidentes aujourd'hui, qui obli-
geoient le ministère de faire apposer promp-
tement ce séquestre, on vient de voir que la
famille de Buonaparte devait plusieurs millions à la France : les billets de ces dettes se
trouvoient à la caisse du domaine extraordinaire, et représentoient une valeur empruntée
à ce domaine. La saisie des biens des débiteurs absens étoit une conséquence nécessaire
des sommes qu'ils dévoient à l'état.

Pour parler sans doute aux passions de la
dernière classe du peuple, on a prétendu que
les diamans de la couronne étoient une propriété de l'état.

Si quelque chose appartient aux Bourbons,
héritiers des Capets et des Valois, ce sont des
diamans achetés de leurs propres deniers, et
par cette raison même appelés *joyaux de la
couronne*. Le plus beau de ces joyaux, le
Régent, offre dans son nom seul la preuve

incontestable qu'il étoit une propriété parti-
culière. Je ne parle pas, Sire, du droit que
vous avez et que consacre la charte, de prei -
dre toute mesure nécessaire au salut de l'Etat
dans les temps de crise : mettre à couvert les
richesses qui peuvent tomber entre les mains
de l'ennemi, est pour le Roi un de ses devoirs
les plus impérieux. Loin donc de faire un
crime aux ministres de Votre Majesté d'avoir
soustrait à Buonaparte les propriétés de l'Etat,
on pourroit plutôt leur reprocher de lui avoir
laissé 5o millions en espèces et 42 millions
en effets. Dans une pareille circonstance,
Buonaparte auroit-il manqué de vider le trésor public et même de spolier la banque ?
Bien plus, son gouvernement n'essaya-t-il pas
l'année dernière d'emporter aussi les diamans
de la couronne ? Tous ces reproches sont
donc un mélange de dérision et d'absurdité.
Votre ministère, en laissant à Buonaparte 72
millions, pourroit être accusé d'un excès de
bonne foi ; mais ce sont là de ces fautes que
commet la probité et que la conscience ab-
sout.

On a voulu dire que le gouvernement royal,
infidèle à la charte et à ses promesses, avoit
tourmenté les acquéreurs de domaines natio-

naux. Pour prendre connoissance de ces pré-
tendus délits, une commission a été nommée
par Buonaparte. Quel a été le résultat de ses
recherches?

Le gouvernement royal méconnoissoit, dit-
on, la gloire de l'armée! Qui a plus admiré
nos guerriers que les Bourbons? qui les a plus
noblement récompensés? Qu'il me soit permis
de rappeler que, dans un écrit publié sous les
yeux de Votre Majesté, écrit qu'elle a daigné
honorer de sa sanction royale, j'ai parlé des
sentimens et des triomphes de notre armée
avec une justice qui a paru exciter la recon-
noissance du soldat (1). Faut-il se repentir de

_____

(1) « Si on cessoit d'être juste envers notre gloire, ce
seroit à nous de nous en souvenir. Les Romains disoient :
l'*amour* de la patrie; nous, nous disons : l'*honneur* de la
patrie. L'honneur est tout pour nous. Malheur à qui
oseroit nous frapper dans cet honneur où un François
place toute sa vie !

» Mais, grâce à Dieu, personne ne nous dispute ce
qui nous appartient si légitimement. Qui donc méconnoît
l'héroïsme de notre armée? Sont-ce ces émigrés qui ont
été accusés, chez l'étranger, de s'enorgueillir de ces
victoires mêmes qui leur fermoient le chemin de leur
patrie? Qui ne connoît l'admiration du Roi et de nos
princes pour nos soldats? L'armée françoise est tout

ces éloges? Non, Sire, l'infidélité de quelques chefs et la foiblesse d'un moment ne peut

---

l'honneur de la France : si ses succès n'avoient pas fait
oublier nos crimes, dans quelle dégradation ne serions-
nous pas tombés aujourd'hui ! Elle nous déroboit au
mépris des nations, en nous couvrant de ses lauriers ; à
chaque cri d'indignation échappé à l'Europe, elle ré-
pondoit par un cri de triomphe. Nos camps étoient un
temple pour la gloire, un asyle contre la persécution : là
se réfugioient tous les François qui cherchoient à se
soustraire aux violences des proconsuls. Nos soldats
n'ont partagé aucune de nos fureurs. En Angleterre, le
parlement vouloit sauver Charles Ier, et l'armée le fit
mourir ; en France, la Convention conduisit Louis XVI
à l'échafaud, et l'armée ne prit aucune part à ce crime :
elle l'auroit sans doute prévenu, si elle n'eût été alors
occupée à repousser les ennemis. Lorsqu'on lui ordonna
de ne faire aucun quartier aux Anglais et aux émigrés,
elle refusa d'obéir. Persécutée comme le reste de la
France par des ingrats qui lui devoient tout, elle étoit
souvent sans solde, sans vivres et sans vêtemens ; elle se
vit suivre par des commissaires qui traînoient avec eux
des instrumens de mort, comme si le boulet ennemi
n'emportoit pas assez de nos intrépides soldats ! On
envoyoit nos généraux au supplice ; on faisoit tomber
la tête du père de Moreau, tandis que ce grand capi-
taine reculoit les frontières de la France. C'est Pichegru,
ce sont d'autres chefs fameux qui conçurent les premiers
l'idée de rendre le bonheur à notre pays, en rappelant

effacer tant de gloire : les droits de l'honneur
sont imprescriptibles, malgré les fautes passa-
gères qui peuvent en ternir l'éclat.

Enfin, Sire, vient la grande accusation de
despotisme. Le despotisme des Bourbons ! Ces
deux mots semblent s'exclure. Et c'est Buonaparte qui accuse Louis XVIII de despotisme ! Il
faut bien compter sur la stupidité ou sur la perversité des hommes pour avancer des calomnies
aussi grossières. Les plus audacieux mensonges
ne coûtent rien à l'usurpateur ; il ne rougit point
de tomber dans les contradictions les plus mani-
festes ; car en même temps qu'il représente le
gouvernement royal comme violent et tyrannique, il lui reproche l'incapacité et la foiblesse.

---

notre Roi. Honneur donc à cette armée si brave, si
sensible, si touchée de la gloire ; qui, toujours fidèle à
ses drapeaux, oubliant les folies d'un barbare, retrouva
assez de force, après la retraite de Moscou, pour gagner
la bataille de Lutzen ; qui, poussée et non accablée par
le poids de l'Europe, se retira en rugissant dans le cœur
de la France, défendit pied à pied le sol de la patrie, se
préparoit encore à de nouveaux combats, lorsque placée
entre un chef qui ne vouloit pas mourir et un Roi qui
venoit fermer ses blessures, elle s'élança toute sanglante
dans les bras du fils d'Henri IV ! »

RÉFLEXIONS POLITIQUES, etc., pag. 33.

Etoit-il tyrannique le gouvernement qui crai-
gnoit si fort de blesser les lois, qu'il a mieux
aimé s'exposer aux plus grands périls que d'em-
ployer l'autorité arbitraire pour arrêter des
conspirateurs ? Etoit-il tyrannique le gouvernement qui, armé de la loi de la censure, laissoit publier contre lui les écrits les plus sé-
ditieux ?

A-t-on vu sous le règne de Louis XVIII
comme sous celui de Buonaparte, plus de 700
personnes retenues dans les prisons après avoir
été acquittées par les tribunaux ?

Le Roi a-t-il cassé les décisions des jurés ?
Le général Excelmans a-t-il été arrêté depuis
le jugement qui déclaroit son innocence ?

Si les généraux d'Erlon et Lallemant avoient
tenté sous Buonaparte ce qu'ils ont fait sous le
roi, vivroient-ils encore ?

Quoi, Sire, vous avez pardonné, non-seule-
ment toutes les fautes, mais encore tous les
crimes ! après tant de malheurs, tant de souvenirs amers, tant de sujets de vengeance, un
généreux oubli a tout effacé ! vous avez reçu
dans votre palais et ceux qui vous avoient servi
et ceux qui vous avoient offensé ! vous n'avez
fait aucune distinction entre le fils innocent
et le fils repentant ! vous avez réalisé dans

toute son étendue, dans toute sa simplicité, la touchante parabole de l'enfant prodigue ! et on ose parler de la tyrannie des Bourbons !!!

Ah! Sire, quand tout le peuple rassemblé sous vos fenêtres, la veille de votre départ, témoignoit, tantôt par sa morne tristesse, tantôt par ses cris d'amour, combien il chérissoit son père ; quand les paysans de l'Artois et de la Flandre vous suivoient en vous comblant de bénédictions, ce n'étoit pas un tyran qu'ils pleuroient ! Que le fils que vous avez privé de son père, que le citoyen que vous avez dépouillé, se lève et vous accuse ? Buonaparte osera-t-il porter le même défi à la France ?

Mais, Sire, vos ministres n'étoient pas de bonne foi ; ils vouloient détruire la charte ? Le nouveau gouvernement de la France employant les moyens les plus odieux pour attaquer le gouvernement royal, a fait rechercher soigneusement tous les papiers qui pouvaient accuser celui-ci. On a trouvé dans une armoire secrète de l'appartement d'un de vos ministres, des lettres qui devoient révéler d'importans mystères. Eh bien! qu'ont-elles appris au public, ces lettres confidentielles, inconnues, cachées, qu'on a eu la maladresse de publier (car la passion fait aussi des fautes et les méchans ne sont pas toujours habiles)? Elles ont appris que vos ministres différant entr'eux sur quelques détails , étoient tous d'accord sur le fond; qu'ils pensoient qu'on ne pouvoit régner en France que par la charte, et avec la charte; et que les François aimant et voulant la liberté, il falloit suivre les mœurs et les opinions du siècle.

Si nous possédions les papiers secrets de Buonaparte , il est probable que nous y trouverions des révélations d'une toute autre nature.

Oui, Sire, et c'est ici l'occasion d'en faire la protestation solennelle : tous vos ministres, tous les membres de votre conseil, sont inviolablement attachés aux principes d'une sage liberté. Ils puisent auprès de vous cet amour des lois, de l'ordre et de la justice, sans lesquels il n'est point de bonheur pour un peuple. Sire! qu'il nous soit permis de vous le dire avec le respect profond et sans bornes que nous portons à votre couronne et à vos vertus : Nous sommes prêts à verser pour vous la dernière goutte de notre sang , à vous suivre au bout de la terre, à partager avec vous les épreuves qu'il plaira au Tout-Puissant de vous envoyer , parce que nous croyons devant Dieu

5

que vous maintiendrez la constitution que vous
avez donnée à votre peuple ; que le vœu le
plus sincère de votre âme royale est la liberté
des François. S'il en avait été autrement, Sire,
nous serions toujours morts à vos pieds pour
la défense de votre personne sacrée, parce que
vous êtes notre Seigneur et Maître, le Roi de
nos aïeux, notre Souverain légitime ; mais,
Sire, nous n'aurions plus été que vos soldats ;
nous aurions cessé d'être vos conseillers et vos
ministres.

Sire, un Roi qui peut écouter un pareil langage, n'est pas un tyran ; ceux à qui votre ma-
gnanimité permet de tenir ce langage, ne sont
pas des esclaves ! Avec la même sincérité,
Sire, nous avouerons que votre Ministère a pu
tomber dans quelques méprises. Quel est le
gouvernement établi au milieu d'une invasion
étrangère, du choc de tous les intérêts, des
cris de toutes les passions, qui n'eût pas commis de plus graves erreurs ? Le gouvernement
usurpateur vient de nous donner une leçon
utile : il n'a pas perdu un moment pour éloigner des préfectures et des tribunaux, les
hommes qu'il a présumés ennemis de son autorité ou indifférens à sa cause. Il a pensé qu'un
magistrat qui le matin, avait administré dans

un sens, ne pouvoit pas le soir, administrer dans un autre : il ne faut jamais placer un homme entre la honte et le devoir, et le forcer pour éviter l'une à trahir l'autre.

Si le ministère de Votre Majesté n'a pas suivi rigoureusement ce principe, c'étoit pour s'attacher plus scrupuleusement à la lettre de vos proclamations royales qui, par une bonté infinie, promettoient à tous les François, la conservation de leurs places et de leurs honneurs. Ainsi, ce n'est pas le défaut de sincérité, c'est toujours le trop de bonne foi qu'il faudroit reprocher à vos Ministres.

Eviter les excès de Buonaparte, ne pas trop multiplier, à son exemple, les actes administratifs étoit une pensée sage et utile. Cependant depuis vingt-cinq ans, les François s'étaient accoutumés au gouvernement le plus actif que l'on ait jamais vu chez un peuple : les Ministres écrivoient sans cesse ; des ordres partoient de toutes parts ; chacun attendoit toujours quelque chose ; le spectacle, l'acteur, le spectateur, changeoient à tous les momens. Quelques personnes semblent donc croire qu'après un pareil mouvement, détendre trop subitement les ressorts seroit dangereux. C'est, disent-elles, laisser des loisirs à la malveillance,

nourrir les dégoûts, exciter des comparaisons
inutiles. L'administrateur secondaire, accou-
tumé à être conduit dans les choses même les
plus communes, ne sait plus ce qu'il doit faire,
quel parti prendre. Peut-être seroit-il bon dans
un pays comme la France, si long-temps en-
chanté par les triomphes militaires, d'administrer vivement dans le sens des institutions civiles et politiques, de s'occuper ostensiblement
des manufactures, du commerce, de l'agricul-
ture, des lettres et des arts. De grands travaux
commandés, de grandes récompenses promises,
des distinctions éclatantes accordées aux ta-
le..s, des prix, des concours publics, donne-
roient une autre tendance aux mœurs, une autre direction aux esprits. Le génie du prince
particulièrement formé pour le règne des arts,
répandroit sur eux un éclat immortel. Certains
de trouver dans leur Roi le meilleur juge, le
politique le plus habile, l'homme d'Etat le plus
instruit, les François ne craindroient plus d'em-
brasser une nouvelle carrière. Les triomphes
de la paix leur feroient oublier les succès de
la guerre : ils croiroient n'avoir rien perdu en
changeant laurier pour laurier, gloire pour
gloire.

Votre ministère, malgré sa vigilance, ses

soins, son attention de tous les momens, n'a
pu prévenir ce qui étoit hors de sa puissance :
quelques vanités ont choqué quelques vanités.
Il est bien essentiel de soigner en France cet
amour propre si dangereux et si susceptible ;
si on ne le satisfait à peu de frais, il s'aigrit
pour peu de chose ; et de cette source miséra-
ble peuvent encore renaître d'épouvantables
révolutions. Mais les ministres établis pour di-
riger les affaires humaines, ne peuvent pas
toujours régler les passions des hommes.

Enfin, Sire, vous vous apprêtiez à couronner
les institutions dont vous aviez posé la base, en
attendant dans votre sagesse l'instant propre à
l'accomplissement de vos projets. Vous saviez
qu'en politique il ne faut rien précipiter ; vous
vous étiez donné quelque temps pour essayer
nos mœurs, connoître l'esprit public, étudier
les changemens que la révolution et vingt-cinq
années d'orages avoient apportés dans le caractère national. Suffisamment instruit de toutes
ces choses, vous aviez déterminé une époque
pour le commencement de la pairie héréditaire ; le ministère eût acquis plus d'unité ; les
ministres seroient devenus membres des deux
chambres, selon l'esprit même de la charte ;
une loi eût été proposée afin qu'on pût être

élu membré de la chambre des députés avant
quarante ans, et que les citoyens eussent une
véritable carrière politique. On alloit s'occuper d'un code pénal pour les délits de la presse,
après l'adoption de laquelle loi la presse eût
été entièrement libre ; car cette liberté est in-
séparable de tout gouvernement représentatif.
On avoit d'ailleurs reconnu l'inutilité ou plutôt le danger d'une censure qui n'empêchant
pas le délit, rendoit les ministres responsables
des imprudences des journaux.

Dieu a ses voies impénétrables et ses juge-
mens imprévus. Il a voulu suspendre un moment le cours des bénédictions que Votre Majesté répandoit sur ses sujets. De ces Bourbons
qui avoient ramené le bonheur dans notre patrie désolée, il ne reste plus en France que les
cendres de Louis XVI! Elles règnent, Sire,
dans votre absence ; elles vous rendront votre
trône comme vous leur avez rendu un tombeau.

Mais au milieu de tant d'afflictions, combien aussi de consolations pour le cœur de
Votre Majesté! L'amour et les regrets de tout
un peuple vous suivent et vous accompagnent;
des prières s'élèvent de toutes parts pour vous
vers le ciel ; votre retraite d'un moment est une
calamité publique. Je vois autour de leur Roi,

les vieux compagnons de son infortune, ces
vétérans de l'exil et du malheur qui sont reve-
nus à leur poste. J'apperçois ces grands capi-
taines si chers à l'armée, qu'ils n'ont jamais
conduite que dans les sentiers de l'honneur ;
vrais représentans de la valeur françoise et de
la foi militaire. D'autres maréchaux qui n'ont
pu suivre vos pas, ont réfusé de violer
les sermens qu'ils vous avoient faits, plus
glorieux dans leur repos que lorsqu'ils triom-
phoient sur les champs de bataille. Une foule
de généraux, de colonels, d'officiers, de soldats, déposent aussi des armes qu'ils ne peuvent
plus porter pour leur Roi. Les gardes nationales du royaume, celles de Paris à leur tête,
expriment leur douleur par le silence de leurs
rangs incomplets et déserts, et rappellent de
tous leurs vœux le père qu'ils gardoient, le
noble chef que vous leur aviez donné. Dans
les emplois civils, dans la magistrature, Votre
Majesté a pareillement trouvé une multitude
de sujets fidèles : les uns ont quitté leurs places, les autres ont refusé d'humiliantes faveurs.
Il s'est rencontré des hommes qui se croyant
négligés, auroient pu être tentés de suivre une
autre fortune : et pourtant, ils n'ont point trahi
le devoir : ainsi, dans ces jours d'épreuve,

l'honneur, comme la honte, a eu ses triomphes et ses surprises.

Parmi vos ministres, Sire, les uns ont été
assez heureux pour s'attacher à vos pas, les
autres pour souffrir sous la main de Buonaparte. Les chefs les plus habiles de leurs administrations ont imité leur exemple : plus
leurs talens sont éminens, plus ils sont heureux de les consacrer à Votre Majesté et de
les refuser à l'usurpateur.

Le clergé n'a point perdu l'habitude des persécutions : reprenant avec joie sa croix nouvelle, il refuse à l'impie cette touchante prière
qui demande au Ciel le salut du Roi. Les deux
chambres qui conservoient avec Votre Majesté
le dépôt sacré de la liberté publique, l'ont
courageusement défendue. Rome, dans le siècle des Fabricius, eût nommé avec orgueil
un citoyen tel que le Président de la Chambre des Députés. Sa proclamation, sa protestation, au sujet des avis de M. le duc d'Otrante,
resteront, Sire, comme un monument de votre
règne et des nobles sentimens que vous savez
inspirer.

Ajoutons, Sire, que votre famille vient d'attacher à votre couronne une nouvelle gloire.
Si MONSIEUR, votre digne frère, si monsei-

gneur le duc de Berry, si monseigneur le duc d'Orléans placés dans des circonstances pénibles, n'ont pu rallier une foule désarmée, ils ont montré au milieu des trahisons et des perfidies, l'élévation, le courage, la loyauté, naturelles au sang des Bourbons. Ne croit-on pas voir et entendre le Béarnais, lorsque M. le duc de Berry sortant des portes de Béthune, se précipitant au-devant d'une troupe de rébelles, les appelant à la fidélité ou au combat, les trouvant sourds à sa voix ; répond à ceux qui l'invitoient à faire un exemple : « *Comment* » *voulez-vous frapper des gens qui ne se dé-* » *fendent pas ?* »

L'entreprise héroïque de monseigneur le duc d'Angoulème, prendra son rang parmi les hauts faits d'armes de notre histoire. Sagesse et audace du plan, hardiesse d'exécution, tout s'y trouve. Le prince jusqu'alors éloigné des champs de bataille par la fortune, se précipite sur la gloire aussitôt qu'il l'apperçoit, et la ressaisit comme une portion du patrimoine de ses pères : mais la trahison arrête un fils de France, aux mêmes lieux où elle avoit laissé passer Buonaparte. Que de malheurs M. le duc d'Angoulème eut évités à notre patrie, s'il avoit pu arriver jusqu'à Lyon ! Un

6

soldat rebelle qui avoit vu ce prince au milieu du feu, disoit en admirant sa valeur : « *Encore une demi-heure, et nous allions crier, vive le Roi!* »

Mais, que dire de la défense de Bordeaux par *Madame*? Non, ce n'étoient pas des François que les hommes qui ont pu tourner leurs armes contre la fille de Louis XVI! Quoi, c'est l'orpheline du Temple, celle qui a tant souffert par vous et pour nous; celle à qui nous ne pouvons jamais offrir trop d'expiations, d'amour et de respects, que l'on vient de chasser à coups de canon de sa terre natale! Grand Dieu! et pour mettre à sa place l'assassin du duc d'Enghien, le tyran de la France et le dévastateur de l'Europe! Les balles ont sifflé autour d'une femme, autour de la fille de Louis XVI! Si elle rentre en France, on lui appliquera les décrets contre les Bourbons, c'est-à-dire, qu'on la traînera à l'échafaud de son père et de sa mère! Elle a paru au milieu de ces nouveaux périls, telle qu'elle se montra dans sa première jeunesse au milieu des assassins et des bourreaux. Fille de France, héritière d'Henri IV et de Marie-Thérèse, nourrie de tribulations et de larmes, éprouvée par la prison, les persécutions et les dangers; que

de raisons pour savoir mépriser la vie ! Je ne
voudrais en preuve de la réprobation du gouvernement de Buonaparte, que d'avoir laissé
insulter madame la duchesse d'Angoulême :
la représenter, baisant les mains des soldats
pour les engager à rester fidèles, l'appeler
une *femme furieuse*, à l'instant où ses vertus,
ses malheurs et son courage, excitaient l'admiration de toute la terre, c'est se con-
damner au mépris comme à l'exécration du
genre humain.

§ IV.

Esprit du Gouvernement.

Sire, les empires se rétablissent autant par
la mémoire des choses passées que par le concours des faits présens. Les souvenirs que
votre majesté et son auguste famille ont laissés
en France, vous y préparent un prompt retour. Mais il est encore d'autres causes qui
rendent la chute de Buonaparte infaillible. Je
ne parle pas de la guerre étrangère, elle suf-
firoit seule pour le renverser ; je parle des
principes de mort qui existent dans son gouvernement même : c'est par l'examen de la
nature et de l'esprit de son gouvernement que
je terminerai ce rapport.

A peine, Sire, votre retraite momentanée eut-elle suspendu le règne des lois, que votre royaume se vit menacé d'une alliance hideuse entre le despotisme et la démagogie : on promit à vos peuples une liberté d'une espèce nouvelle. Cette liberté devoit naître au Champ de Mai, le bonnet rouge et le turban sur la tête, le sabre du Mamelouck et la hache révolutionnaire à la main, entourée des ombres de ces milliers de victimes sacrifiées sur les échafauds, dans les campagnes brûlantes de l'Espagne, dans les déserts glacés de la Russie : le marche-pied de son trône eût été le corps sanglant du duc d'Enghien, et son étendard la tête de Louis XVI.

Buonaparte rentré en France, a senti qu'il ne pouvoit régner dans le premier moment, par les principes qui avoient contribué à précipiter sa chute. Le gouvernement du Roi avoit répandu une si grande liberté, qu'on ne pouvoit se jeter tout-à-coup dans l'arbitraire, sans révolter les esprits. Le Roi, tout absent qu'il étoit, forçoit le tyran à ménager les droits du peuple : bel hommage rendu à la légitimité ! D'une autre part, l'homme que l'on avoit vu tremblant sous les pieds des commissaires étrangers qui le conduisoient comme un malfaiteur à l'île d'Elbe, n'étoit plus aux yeux de la nation le vainqueur d'Austerlitz et de Marengo ; il ne pouvoit plus commander de par la victoire. Déjà contenu dans ses excès par la nouvelle direction de l'opinion publique, il trouvoit encore devant lui des hommes disposés à lui disputer le pouvoir.

Ces hommes étoient d'abord ceux qu'on peut appeler les républicains de bonne foi : délivrés des chaînes du despotisme et des lois de la monarchie, ils désiroient garder cette indépendance républicaine, impossible en France, mais qui du moins est une noble erreur. Venoient ensuite ces furieux, qui composoient l'ancienne faction des jacobins. Humiliés de n'avoir été sous l'Empire que les espions de police d'un despote, ils étoient résolus à reprendre pour leur propre compte cette liberté de crimes, dont ils avoient cédé pendant quinze années la jouissance à un tyran.

Mais ni les républicains, ni les révolutionnaires, ni les satellites de Buonaparte, n'étoient assez forts pour établir leur puissance séparée, ou pour se subjuguer les uns les autres. Menacés au dehors d'une invasion formidable, poursuivis au dedans par l'opinion publique, ils comprirent que s'ils se divisoient ils étoient perdus. Afin d'échapper au danger, ils ajournèrent leurs querelles : les uns apportoient à la défense commune leurs systèmes et leurs chimères ; les autres leur contingent de terreur, de tyrannie et de perversité. Il est probable qu'ils n'étoient pas de bonne foi dans ce pacte effrayant ; chacun se promit en secret de le tourner à son avantage aussitôt que le péril seroit passé, et chacun chercha d'avance à s'assurer de la victoire.

Dans les premiers jours, les indépendans semblèrent être les plus forts, et Buonaparte paroissoit subjugué. Il s'étoit vu forcé d'appeler aux premières places de l'Etat des hommes qu'intérieurement il déteste : il en coûte à son orgueil d'obéir à ceux qu'il avoit condamnés à le servir ou à se taire. Au commencement du consulat, il fut de même obligé de feindre des sentimens qui n'étoient pas dans son cœur ; mais il sappa peu à peu les fondemens de l'édifice qu'il avoit élevé : à mesure que ses forces croissoient, il se débarrassoit de quelques principes et de quelques hommes. Le tribunat fut d'abord épuré, ensuite détruit ; il ne conserva que deux corps politiques subjugués par la terreur ; l'un pour lui livrer l'or, l'autre pour lui prodiguer le sang de la France.

Il suit aujourd'hui la même route ; il n'embrasse la liberté que pour l'étouffer. L'assemblée du champ de mai est sa grande machine. A la faveur d'un spectacle nouveau, de ces scènes préparées d'avance qu'il joue d'une manière si habile, au milieu des cris des soldats, il espère obtenir une levée en masse, ou, ce qui revient au même, faire décréter la marche de toutes les gardes nationales du royaume ; ce qu'il veut avant tout, ce sont les moyens de la victoire. Quand il l'aura obtenue, il jettera le masque, se rira de la constitution qu'il aura jurée, et reprendra à la fois son caractère et son empire. Aujourd'hui, avant le succès, les mameloucks sont jacobins ; demain, après le succès, les jacobins deviendront mameloucks : Sparte est pour l'instant du danger, Constantinople pour celui du triomphe.

Il était impossible que les gens habiles dont Buonaparte est environné, ne devinassent pas sa pensée ; mais comment le prévenir ? D'un côté, ils ne veulent plus de tyran pour maître ; de l'autre, ils en ont encore besoin pour général. Ils redoutent ses triomphes, et ses triom-

phes leur sont nécessaires ; il faut qu'ils se
défendent contre l'Europe , et Buonaparte
seul peut les défendre. Dans cette position
désespérée, liés, associés avec lui par la force
des événemens, ils avoient conçu l'espoir de
l'enchaîner si fortement, qu'il seroit hors d'é-
tat de leur nuire quand la guerre lui auroit
rendu des forces. Ils retomboient ainsi dans
l'erreur où ils étoient déjà tombés au commencement du consulat ; ils croyoient de nouveau dominer Buonaparte par l'ascendant d'une
république, quoiqu'ils dussent être détrompés
par l'expérience. Pleins de cette pensée, ils
laissoient quelques enfans perdus presser les
mesures révolutionnaires : les bonnets rouges
avoient reparu, on entendoit chanter la Mar-
seillaise, un club établi à Paris correspondoit
et correspond encore avec d'autres clubs dans
les provinces, on annonçoit la résurrection du
Journal des Patriotes ; on oublioit que le peuple est las, que tout tend aujourd'hui au repos,
comme en 1793 tout tendoit au mouvement :
les déclamations, les formes, les enseignes
révolutionnaires que l'on essayoit de repro-
duire, ayant cessé d'être l'expression d'une
opinion réelle, ne sont plus que la révoltante
parodie d'une tragédie épouvantable. Et quelle

confiance pourroient inspirer aujourd'hui les
hommes de 1793! Ne sait-on pas ce qu'ils
entendent par la liberté, l'égalité, les droits
de l'homme? Sont-ils plus moraux, plus sin-
cères, plus sages, après leurs crimes qu'avant
leurs crimes? Est-ce parce qu'ils se sont
souillés de tous les excès, qu'ils sont devenus
capables de toutes les vertus? On n'abdique
pas le crime aussi facilement qu'on abdique
une couronne; et le front que ceignit l'affreux diadème, en conserve des marques inef-
façables.

Toutefois, Sire, ces graves considérations
n'arrêtoient pas les partis en France. Il ne
s'agissoit pas pour eux de savoir ce qui étoit
possible dans l'avenir, mais d'obéir à ce que
le présent commandoit : ainsi quelques hommes
se berçoient toujours du projet d'une constitution républicaine. Il paroît qu'on avoit
conçu la pensée de faire descendre Buonaparte du haut rang d'empereur à la condition
modeste de généralissime ou de président de
la république. Juste punition de son orgueil!
il ne seroit sorti de l'île d'Elbe avec tous
ses projets d'ambition, de grandeur, de dynas-
tie, que pour humilier sa pourpre, ses fais-
ceaux, ses aigles, ses victoires devant d'inso-

7

lens citoyens. Le bonnet rouge apprit à Buonaparte à porter des couronnes ; le bonnet
rouge dont on charge aujourd'hui la tête de
ses bustes, lui annonce-t-il de nouveaux dia-
dêmes ? Non : c'est une vie qui s'accomplit ;
c'est le cercle qui se ferme : on ne recom-
mence pas sa fortune.

Les républicains se promettoient la victoire:
tout sembloit favoriser leurs projets. On parloit de placer le prince de Canino au ministère de l'intérieur , le lieutenant - général
comte Carnot au ministère de la guerre, le
comte Merlin à celui de la justice. Buonaparte en apparence abattu , ne s'opposoit
point à des mouvemens révolutionnaires qui ,
en dernier résultat, fournissoient des hommes
à son armée. Il se laissoit même attaquer dans
des pamphlets : on lui prêchoit, en le tutoyant,
la liberté et l'égalité ; il écoutoit ces remon-
trances d'un air contrit et docile. Tout-à-
coup échappant aux liens dont on avoit cru
l'envelopper , il renverse les barrières répu-
blicaines et proclame de sa propre autorité ,
non une constitution , mais un *acte additionnel* aux constitutions de l'Empire. Les citoyens seront appelés à consigner leurs votes
touchant cet acte, sur des registres ouverts

áux secrétariats des diverses administrations ;
et tout le travail de l'assemblée du Champ
de Mai , se réduira au dépouillement d'un
scrutin !

Buonaparte gagne par cette publication deux
points essentiels : supposant d'abord que rien
n'est détruit dans ce qu'il appelle *ses constitutions*, il regarde l'empire comme existant ;
il évite les contestations sur son titre et sur
sa réélection. Ensuite il se place hors de l'at-
teinte du Champ de Mai , puisqu'il soustrait
l'acte additionnel à l'acceptation des électeurs,
et leur interdit par le fait, toute discussion
politique. Ainsi cette assemblée à qui l'on
attribuera peut-être le droit de voter la mort
de deux millions de François , n'aura pas celui
de décréter leur liberté.

Au reste , Sire , la nouvelle constitution
de Buonaparte est encore un hommage à votre
sagesse : c'est, à quelques différences près, la
charte constitutionnelle. Buonaparte a seulement devancé, avec sa pétulance accoutumée,
les améliorations et les complémens que votre
prudence méditoit. Quelle simplicité de croire
que s'il n'avoit rien à craindre de l'Europe,
il respecteroit tout ce qu'il promet dans son
acte additionnel , qu'il laisseroit écrire tout

ce qu'on voudra ; qu'il n'exileroit, ne fusil-
leroit personne ! Il en seroit da la chambre
des Pairs et de celle des Députés comme il
en a été du Tribunat, du Sénat et du Corps
législatif.

Nous voyons, Sire, dans le considérant
de l'acte additionnel, que Buonaparte s'occu-
pant d'une grande confédération Européenne
(c'est-à-dire la conquête des états voisins),
avoit ajourné la liberté de la France.

Il en est arrivé ce léger malheur, que quatre
ou cinq millions de Français morts pour le
systéme fédératif n'ont pu jouir de la liberté
que Buonaparte réservoit aux générations pré-
sentes. Que diront aujourd'hui ceux qui trouvoient mauvais que Votre Majesté s'intitulât
Roi par la grâce de Dieu, qu'elle eût gardé
l'initiative des lois, qu'elle se fût réservé l'es-
pace d'une année pour l'épuration des tribunaux et la nomination des juges à vie ? L'acte
additionnel conserve ces dispositions. Que diront ceux qui osoient blâmer le Roi d'avoir
donné la charte de sa pleine autorité au lieu
de l'avoir reçue du peuple ? Buonaparte imite
cet exemple.—Mais il soumet sa constitution
à l'acceptation de la nation. A qui la soumet-
il ? à des citoyens qui iront s'inscrire sur un

registre dans une municipalité. Si les votes
sont peu nombreux , s'ils sont contre l'acte
additionnel , aura-t-on égard à ces oppositions?
Qui vérifiera les signatures ? N'en introduira-
t-on pas sur les rôles autant que bon semblera?
Qui osera réclamer ? Comment l'assemblée
du Champ de Mai s'assurera-t-elle de la fidélité des maires , des sous-préfets , des préfets ,
chargés de recueillir les votes , surtout lorsque
les *commissaires extraordinaires* auront re-
nouvelé les administrations d'un bout de la
France à l'autre ? Si quelque chose pouvoit
ressembler à l'assentiment du peuple , ne se-
roit-ce pas celui des colléges électoraux au
Champ de Mai ? Et pourquoi interdit-on tout
examen aux électeurs ? Mais pourquoi me
perdre moi-même dans cet examen inutile ?
Je raisonne comme s'il étoit encore question
de régularité , de pudeur , de bonne foi : et
l'acceptation de l'acte est préjugée par un
décret, et sa promulgation ordonnée d'avance!
   Dans l'acte additionnel , je n'apperçois rien
sur l'abolition de la confiscation des biens :
je vois que la propriété n'est plus une condition nécessaire pour être élu membre de
la chambre des représentans ; que l'armée est
appelée à donner son suffrage ; que les an-

ciennes constitutions, les sénatus-consultes, ne sont point rapportés, et deviennent comme des armes secrettes dans les arsenaux de la tyrannie.

Voilà Buonaparte tout entier : il se réserve la confiscation des biens, remet aux non-propriétaires la défense de la propriété ; pose les principes du gouvernement militaire, et cache ses desseins dans le chaos de ses lois. Ceux qui chérissent sincèrement les idées libérales, peuvent-ils supporter des choses aussi monstrueuses ? Tout cela n'est-il pas un mélange de dérision et d'impudence ? N'est-ce pas à la fois et dans le même moment, reconnoître et violer un principe, admettre la souveraineté du peuple et s'en moquer ; n'est-ce pas toujours montrer la même astuce, la même mauvaise foi, la même domination de caractère ?

Oserai-je parler au Roi du dernier article de l'acte constitutionnel ? Par cet article le peuple Français cède tous ses droits à l'usurpateur, excepté celui de rappeler les Bourbons. Donc si Buonaparte vouloit ouvrir à Votre Majesté les chemins de la France, il ne le pourroit plus ; et si d'un autre côté, le peuple vouloit vous rapporter votre couronne, cela lui seroit impossible, parce que Buonaparte, en vertu des institutions impériales, a seul le droit d'assembler le peuple. Si l'on avoit pu douter des sentimens de la France, ce dernier article les proclameroit, les mauvaises consciences se trahissent ; l'excès de la précaution annonce l'excès de la crainte : interdire au peuple Français le droit de rappeler son Roi, c'est prouver qu'il veut le rappeler.

Toutefois Buonaparte s'est embarrassé dans ses propres adresses ; l'acte additionnel lui sera fatal. Si cet acte est observé, il y a dans son ensemble assez de liberté pour renverser le tyran ; s'il ne l'est pas, le tyran n'en deviendra que plus odieux. D'un autre côté, Buonaparte perd tout à la fois par cet acte et la faveur des républicains, et la force révolutionnaire du jacobinisme. Les démagogues ne veulent ni de la pairie ni des deux chambres. Ce qu'ils veulent surtout, c'est l'égalité absolue : ils préféreroient même à ces institutions de Buonaparte son ancien despotisme : du moins ce joug était un niveau. Enfin, comme l'acte additionnel n'est après tout que la charte, qu'est-ce que les Français auront gagné au retour de l'usurpateur ? Vont-ils de nouveau soutenir une guerre cruelle, exposer leur patrie à une seconde invasion , pour obtenir précisément ce qu'ils avoient sous le Roi, avec la paix , la considération et le bonheur ? Ne se trouvent-ils pas à-peu-près dans la même position que les Alliés par rapport au traité de Paris ? Ceux-ci disent à Buonaparte : « Nous voulons le traité de Paris ; mais nous le voulons sans vous , parce qu'un autre que vous en tiendra toutes les conditions et que vous n'en remplirez aucune.

« Les Français diront à Buonaparte : «Nous voulons la charte constitutionnelle ; mais nous ne la voulons qu'avec le Roi , parce qu'il y sera fidèle et que vous l'aurez bientôt violée». Ainsi , quelque parti que prenne Buonaparte, qu'il soit tyran , jacobin , constitutionnel, on trouve toujours que ses triomphes sont des défaites , et que son despotisme, ses violences, ses ruses, viennent, Sire, échouer devant votre autorité légale, votre modération constante, et votre parfaite sincérité.

Il n'y a de salut que dans le Roi : l'Europe connoît sa foi, sa loyauté, sa sagesse ; elle ne peut trouver de garantie que dans son trône et dans sa parole. Sire, vous êtes l'héritier naturel de tous les pouvoirs usurpés dans votre royaume. Toutes les révolutions en

France se feront pour vous. Indépendamment de ses droits, Votre Majesté a sur ses ennemis un avantage immense ; son gouvernement est le seul qui depuis vingt-cinq ans ait paru raisonnable à tous, le seul qui, en consacrant les principes d'une liberté sage, ait donné ce que la révolution a tant de fois promis et qu'elle promet encore. On a reconnu, Sire, par l'essai qu'on a fait de vos vertus, que vous êtes le prince qui convient le mieux à la France ; que l'ordre des choses établi pouvoit subsister. Quelques années auroient suffi pour le porter à sa perfection ; il avoit en lui tous les principes de durée, et il n'a été momentanément suspendu que par l'unique chance qui pouvoit en arrêter le cours.

Mais déjà tout se prépare pour le prompt rétablissement du trône. La France commence à revenir de sa surprise, les illusions se dissipent, la vérité perce de toutes parts. On se trouve avec épouvante sous le règne de la terreur et de la guerre. Chacun se demande si, après tant d'années de souffrances, de sang et de meurtres, il faut recommencer la révolution. Les François se voyent une seconde fois isolés au milieu de l'Europe, séparés du monde, comme des hommes atteints d'une

8

maladie contagieuse. Les portes de leur beau pays, ouvertes par le Roi à la foule des étrangers, se sont tout-à-coup fermées. L'Europe se tait ; et dans ce silence effrayant on n'entend retentir que les pas d'un million d'ennemis qui s'avancent de toutes parts vers les frontières de la France.

Les citoyens alarmés tournent les yeux vers leur Roi ; ils l'appellent à leurs secours ; et son silence se joignant à celui du monde civilisé , semble annoncer quelque catastrophe terrible. Les soldats eux-mêmes s'étonnent ; ils se demandent qu'est devenue la fille des Césars, où sont les dépouilles qui leur avaient été promises ? Un grand nombre désertent ; des officiers se retirent ; la garde même est triste et découragée ; les finances s'épuisent ; les soixante-douze millions restés au trésor sont déjà dissipés. Plusieurs départemens refusent de payer l'impôt et de fournir des hommes. Les provinces de l'ouest et du midi ne sont pas entièrement soumises ; elles n'attendent qu'un nouveau signal pour reprendre les armes. La foiblesse de Buonaparte s'accroît à mesure que la force du Roi augmente. La comparaison de ce que la France étoit il y a un mois, et de ce qu'elle est aujourd'hui, frappe tous les esprits, et reporte avec douleur la pensée sur les biens qu'on a perdus.

Le 28 du mois de février dernier, la France étoit en paix avec toute la terre; son commerce commençoit à renaître, ses colonies à se rétablir; ses dettes s'acquittoient; ses blessures se fermoient; elle reprenoit, dans la balance politique de l'Europe, sa prépondérance et son utile autorité. Jamais elle n'avoit eu de meilleures lois; jamais elle n'avoit joui de plus de liberté; elle sortoit de ses débris et de ses tombeaux, heureuse, brillante et rajeunie. Dix mois d'une restauration accomplie au milieu de tous les genres d'obstacles, avoient suffi à Louis XVIII pour enfanter ces merveilles.

Le 1er de mars la France est en guerre avec le monde entier. Elle redevient l'objet de la haine et de la crainte de l'Univers. Elle voit renaître dans son sein les factions qui l'ont déchirée : ses enfants vont être de nouveau traînés au carnage, ses lois détruites, ses propriétés bouleversées. Courbée sous un double despotisme, elle ne conserve de sa restauration que des regrets, de sa liberté qu'une vaine ombre. Voilà les autres merveilles opérées dans un moment par Buonaparte : vingt-quatre heures séparent et tant de biens et tant de maux.

Mais, Sire, vous reparoîtrez, et le bonheur rentrera dans notre chère patrie. Vos sujets verront l'abîme où quelques factieux les ont entraînés ; ils se hâteront d'en sortir : ils accourront à vous, les uns pour recevoir la récompense dûe à leur fidélité, les autres pour implorer cette miséricorde dont ils n'ont pu épuiser les trésors. Oui, Sire, innocents ou coupables, ils trouveront leur salut en se jetant dans vos bras ou à vos pieds.

Mais, Sire, tandis que je m'efforce de fixer, sous les yeux de Votre Majesté, le tableau de l'intérieur de la France, ce tableau n'est déjà plus le même : demain il changera encore. Quelque rapidité que je puisse mettre à le retracer, il me seroit impossible de suivre les mouvemens convulsifs d'un homme agité par ses propres passions, et par celles qu'il a si follement soulevées. Je disois à Votre Majesté que Buonaparte avoit remporté une victoire sur le parti républicain, et ce parti l'a vaincu de nouveau. La publication de l'acte additionnel lui a enlevé, comme nous l'avions prévu, le reste de ces complices. Attaqué de toutes parts, il recule ; il retire à ses commissaires extraordinaires la nomination des maires des communes, et rend cette nomination au peuple. Effrayé de la multiplicité des votes négatifs, il abandonne la dictature, et convoque la Chambre des Représentans en vertu même de cet acte additionnel qui n'est point encore accepté. Errant ainsi d'écueil en écueil, il se replie en cent façons pour éluder ses engagemens et ressaisir le pouvoir qui lui échappe : à peine délivré d'un danger, il en rencontre un nouveau. Ce souverain d'un jour osera-t-il instituer une pairie héréditaire ? Comment gouvernera-t-il ces deux Chambres qu'il est forcé de réunir ? Montreront-elles à ses ordres une obéissance passive ? N'élèveront-elles pas la voix ? Ne chercheront-elles point à sauver la patrie ? Quels seront les rapports de ces Chambres avec l'assemblée du Champ de Mai qui n'a plus de véritable but, puisque l'acte additionnel est mis en exécution avant que les suffrages ayent été comptés ? Cette assemblée du Champ de Mai, composée de 30,000 électeurs, ne se croira-t-elle pas la véritable représentation nationale, supérieure en autorité à cette Chambre des Représentans qu'elle aura elle-même choisis ? Il est impossible à l'intelligence humaine de prévoir

ce qui sortira d'un pareil chaos. Ces changemens subits, cette étrange confusion de toutes
choses, annoncent une espèce d'agonie du
despotisme : la tyrannie usée et sur son déclin
conserve encore l'intention du mal, mais elle
paroît en avoir perdu la puissance. On diroit
en effet que Buonaparte, jouet de tout ce qui
l'environne, ne prend plus conseil que du
moment, esclave de cette destinée à laquelle
il sembloit commander jadis. La licence règne
à Paris, l'anarchie dans les provinces : les au-
torités civiles et militaires se combattent. Ici
on menace de brûler les châteaux et d'égor-
ger les prêtres ; là on arbore le drapeau blanc
et l'on crie *vive le Roi !* Cependant, au milieu de ces désordres, le temps marche et les
événemens se précipitent. L'Europe entière
est arrivée sur les frontières de la France :
chaque peuple a pris son poste dans cette armée des nations, et n'attend plus que le dernier signal. Que fera l'auteur de tant de calamités ? S'il quitte Paris, Paris demeurera-t-il
tranquille ? S'il ne rejoint pas ses soldats, ses
soldats combattront-ils sans lui ? Un succès
peut-il changer sa fortune ? Non : un succès
retarderait à peine sa chute. Peut-il d'ailleurs
l'espérer, ce succès ? L'arrêt est parti d'en

haut, la victoire s'est déclarée, et Buonaparte est déjà vaincu dans Murat : un appel a été fait aux passions des peuples d'Italie, et ces peuples ont répondu par un cri de fidélité. Puissent les François imiter cet exemple ! Puissent-ils abandonner le fléau de la terre à la justice du ciel ! Ah ! Sire, espérons que, désarmé par les prières du fils de saint Louis, le dieu des batailles épargnera le sang de notre malheureuse patrie ! Vous conserverez à la France, pour son bonheur, ce reste de sang qu'elle a trop prodigué pour sa gloire ! Le moment approche où Votre Majesté va recueillir le fruit de ses vertus et de ses sacrifices : à l'ombre du drapeau blanc, les nations jouiront enfin de ce repos après lequel elles soupirent, et qu'elles ont acheté si cher.

www.ingramcontent.com/pod-product-compliance
Lightning Source LLC
LaVergne TN
LVHW051503090426
835512LV00010B/2305